Joseph Bayer

Rund um Wien

Grosses Ballet

Joseph Bayer

Rund um Wien
Grosses Ballet

ISBN/EAN: 9783743306073

Hergestellt in Europa, USA, Kanada, Australien, Japan

Cover: Foto ©Thomas Meinert / pixelio.de

Manufactured and distributed by brebook publishing software (www.brebook.com)

Joseph Bayer

Rund um Wien

Rund um Wien.

Grosses Ballet
in sechs Bildern nebst einem Vorspiel

von

FRANZ GAUL und A. M. WILLNER

Choreographie von J. Hassreiter.

von

JOSEF BAYER.

Vollständiger Clavierauszug.
Netto M 5

Marien-Walzer für Piano M 2
Hoch Wien Marsch für Piano 1.20
Jokey-Galopp für Piano 1.20

Eigenthum des Verlegers.

Hamburg, Aug. Cranz.   Brüssel, A. Cranz.

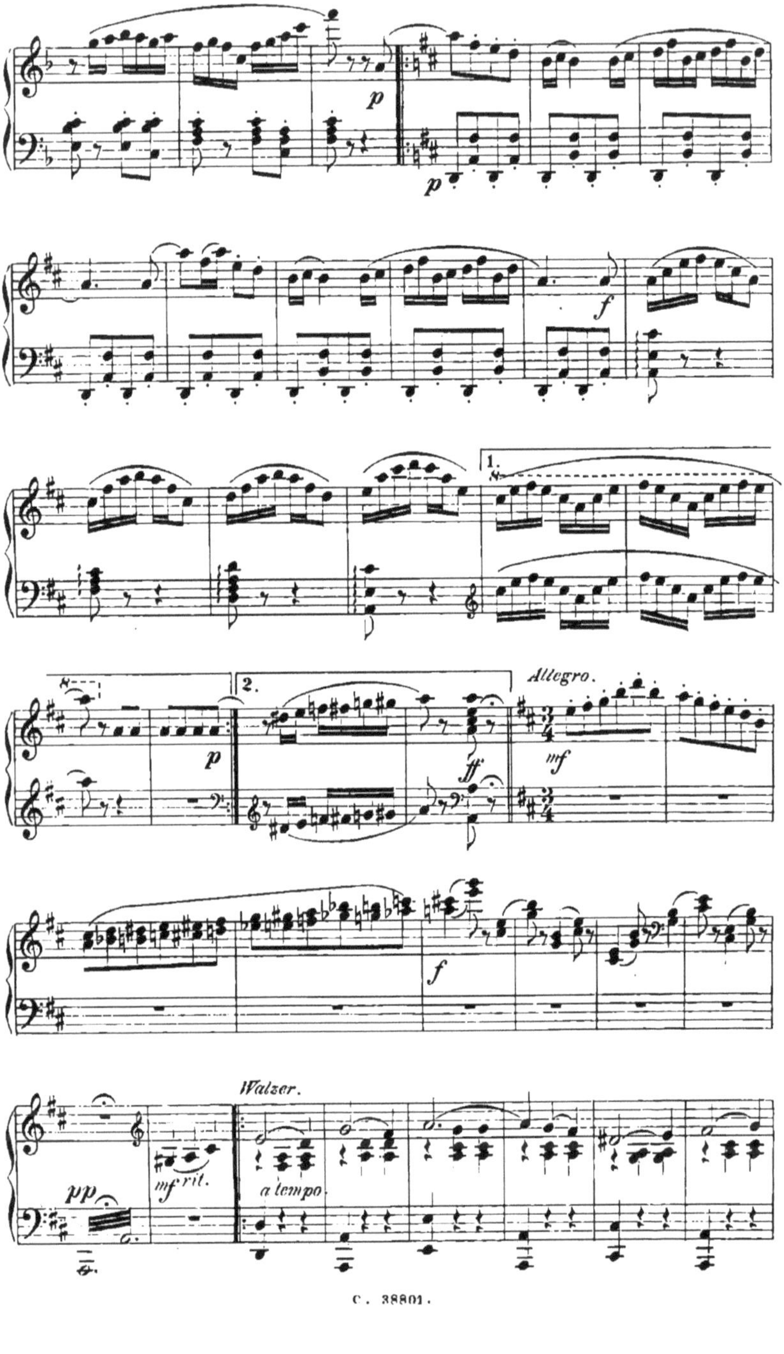
p
p
f
1.
2.
p
ff
Allegro.
mf
f
pp
mf rit.
Walzer.
a tempo

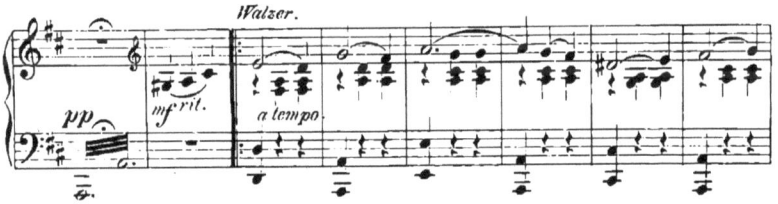

Vorspiel.

I. Bild.

„In der Freudenau."

Marsch auf der Bühne.

II. Bild.

"Das Volk und seine Lieder."

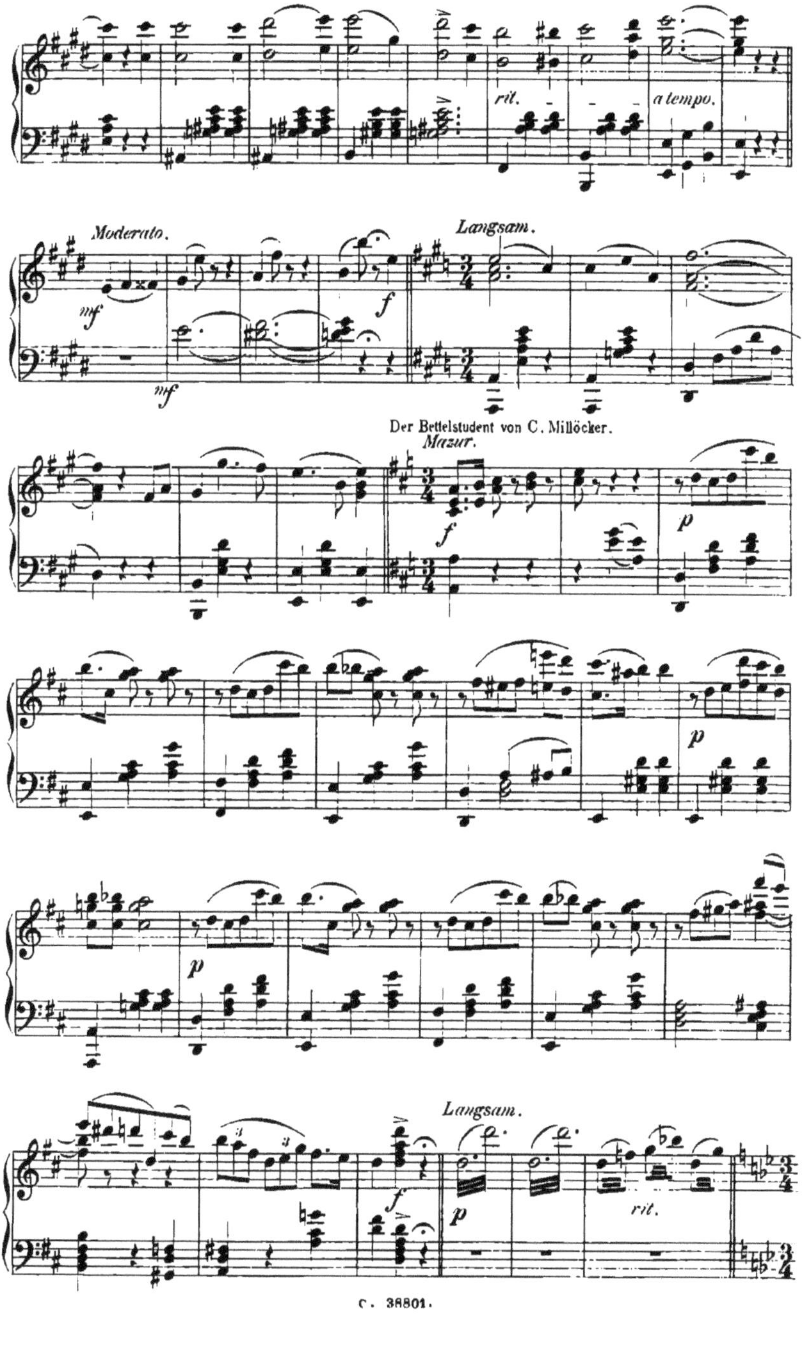
rit.
a tempo.
Moderato.
mf
f
Langsam.
Der Bettelstudent von C. Millöcker.
Mazur.
p
Langsam.
rit.

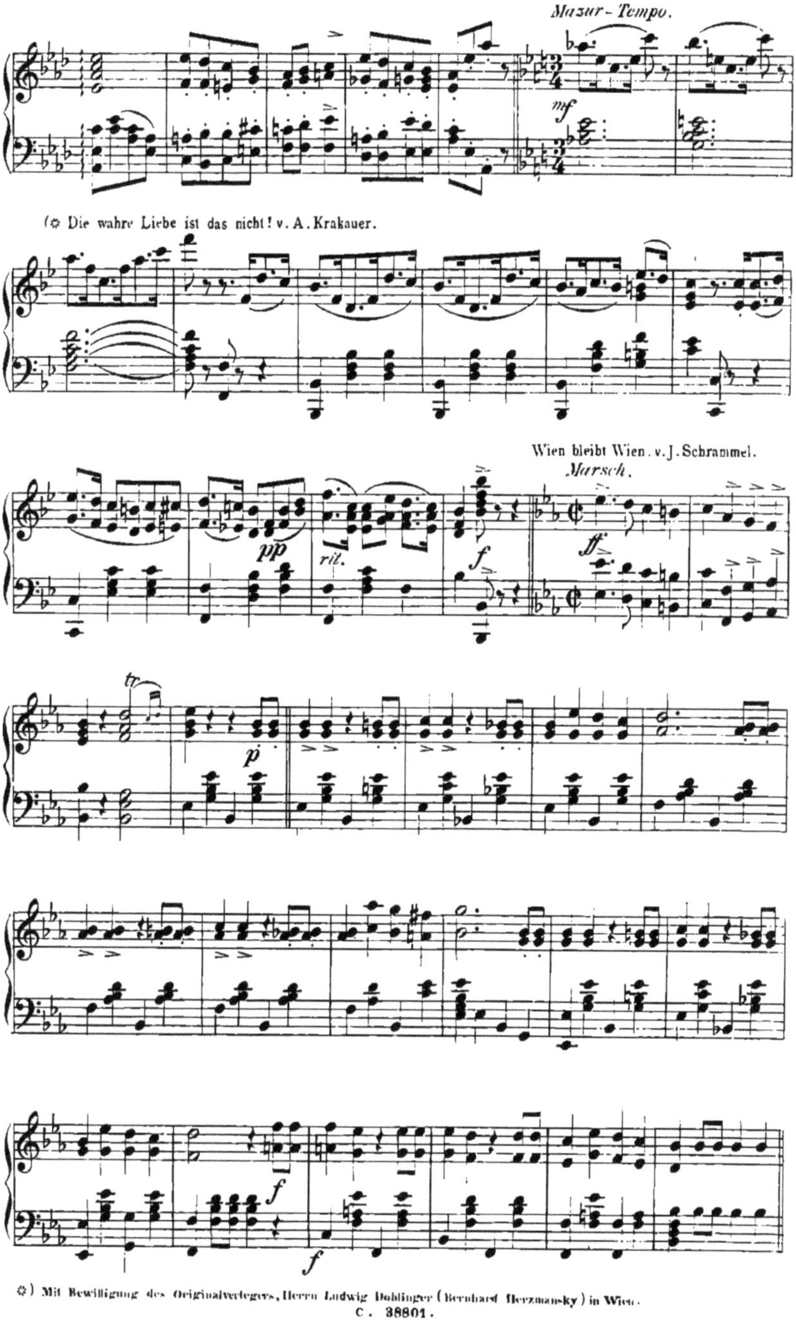
Mazur-Tempo.
mf
(* Die wahre Liebe ist das nicht! v. A. Krakauer.
pp
rit.
f
Wien bleibt Wien. v. J. Schrammel.
Marsch.
ff
tr
p
f
f

*) Mit Bewilligung des Originalverlegers, Herrn Ludwig Doblinger (Bernhard Herzmansky) in Wien.

C. 38801.

33

43

III. Bild.

Introduction aus: „Die Publicisten."
Allegretto animato.

Introduction. „Aus den Bergen."

Polka schnell „Par force". Op. 308.

Introduction aus: „Wein, Weib und Gesang". Op. 333.

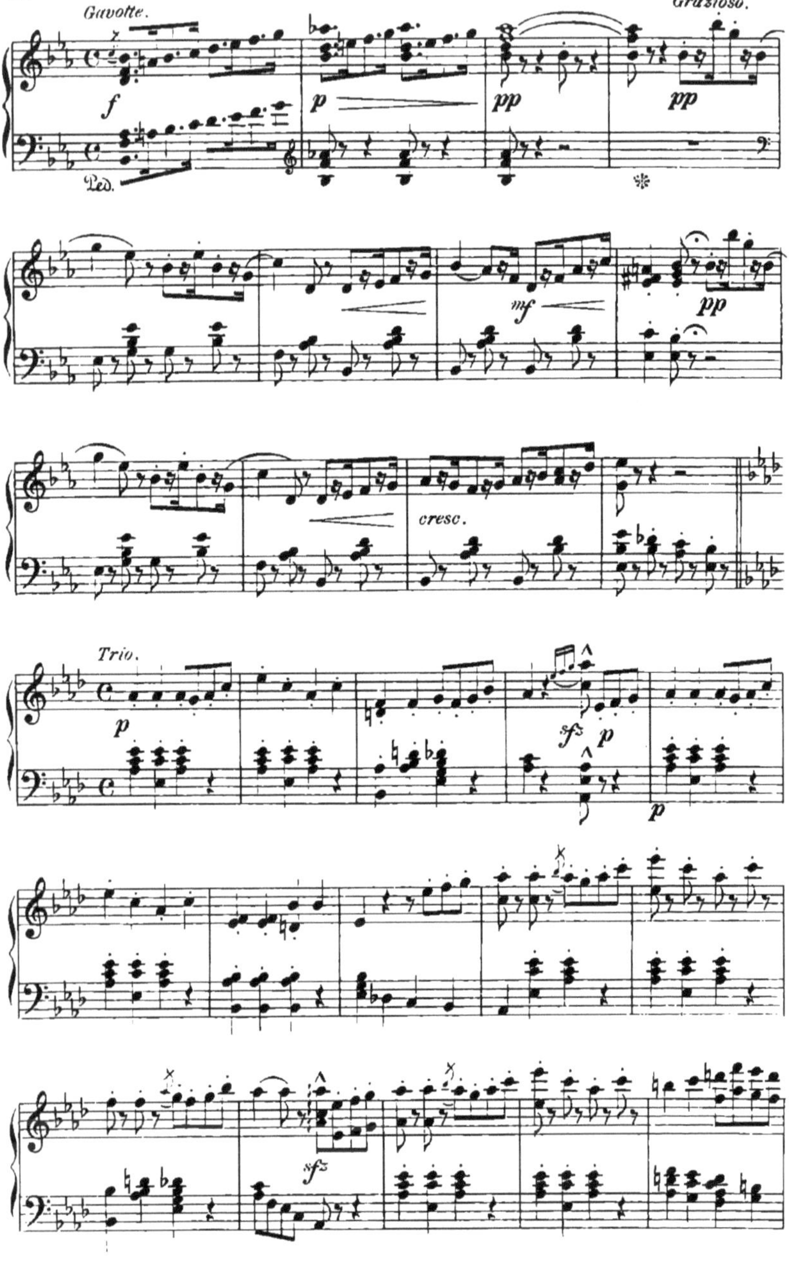
Gavotte.
Grazioso.
f
p
pp
pp
Ped.
mf
pp
cresc.
Trio.
p
sf
p
p
sf

5. Bild. Kahlenberg.
Die Gemütlichen. Op. 70.

7. Bild. „Wien an der Aspernbrücke."

8. Bild „Belvedere."
Louischen Polka. Op. 339.

Wein, Weib und Gesang. Op. 333.

Königslieder.Walzer.Op.334.

11.Bild „Neue Burg mit Museen".

Freud Euch des Lebens. Walzer. Op. 340.

IV. Bild.

V. Bild.

VI. Bild.

Theresien Marsch.

Répertoire des Ballets parus chez
A. CRANZ.
Editeur.
BRUXELLES.

BAYER, JOSEPH. La Fée des Poupées. Grand Ballet. Partition pour Piano . . net. Frs. 6. —
„   „   „   „   Partition pour Piano à 4/ms . . „ 6. —
Numéros détachés du ballet: „La Fée des Poupées:"
Valse des Poupées pour Piano . . . . „ 6. —
„   „   „   „   „ simplifiée . . . . „ 6. —
„   „   „   „   „ à 4/ms . . . . „ 9. —
„   „   „   „   „ et Violon . . . . „ 7. 50
„   „   „   „   „ et Flûte . . . . „ 7. 50
„   „   „   „   Violon seul . . . . „ 3. —
„   „   „   „   Flûte seule . . . . „ 3. —
„   „   „   „   grand Orchestre . . . . net „ 5. —
„   „   „   „   petit Orchestre . . . . „ 2. 25
„   „   „   „   Harmonie et Fanfares . . . . „ 4. —
Papa-Maman Polka pour Piano . . . . „ 5. —
„   „   „   „   „ à 4/ms . . . . „ 5. —
„   „   „   „   „ et Violon . . . . „ 5. —
„   „   „   „ grand Orchestre . . . . net „ 2. 50
„   „   „   „ petit Orchestre . . . . „ 1. 25
„   „   „   „ Harmonie et Fanfares . . . . „ 2. —
Marche des Poupées pour Piano . . . . „ 5. —
„   „   „   „ grand Orchestre . . . . net „ 2. 50
„   „   „   „ Harmonie et Fanfares . . . . „ 2. 25
Quadrille pour Piano . . . . „ 6. —
Czardas pour Piano . . . . „ 5. —
„   „ grand Orchestre . . . . net „ 2. 50
Potpourri du ballet la Fée des Poupées pour Piano et Violon . . . . „ 16. —
„   „   „   „   „   „   „   „ et Flûte . . . . „ 16. —
„   „   „   „   „   „   „   „ petit Orchestre . . . . net „ 3. 25
du même. Le Soleil et la terre. Grand Ballet. Partition pour Piano . . . . „ 7. —
du même. Rêve de Noël. Ballet en un acte et plusieurs tableaux . . . .
Partition pour Piano . net „ 4. 50
du même. Les légendes de la Danse. Grand Ballet en trois actes et 15 tableaux . .
Partition pour Piano . net „ 7. —
du même. Rouge et noir. Grand Ballet en trois actes avec tableau d'entrée „ 6. —
du même. Columbia. Grand Ballet en trois actes avec tableau d'entrée . „ 7. —
CLÉRICE, JUSTIN. Au Pays noir. Grand Ballet en deux actes . . . . „ 6. —
LANCIANI, PIETRO. Pierrot macabre. Ballet pantomime en un acte et deux
tableaux . . . . net „ 6. —
PALICOT, G. Pierrot poëte. Pantomime en 3 actes . . . . „ 6. —